Livro:

"Eu sou o Terceiro"

Autor:
Mário Kaschel Simões

© 2013 Mário Kaschel Simões

Editores:
Manoel Simões Filho
Priscila Kaschel Simões

Transcrição inicial:
Ariadne Cardoso

Arte e Diagramação:
Mário Kaschel Simões

1ª. Edição Brasileira: Janeiro / 2013

As citações bíblicas foram extraídas da Bíblia na Nova Versão Internacional.

Todos os direitos são reservados ao Autor,
não podendo a obra em questão ser reproduzida
ou transmitida por qualquer meio eletrônico,
mecânico, fotocópia, etc. - sem a devida permissão
por escrito do mesmo.

Dados de Catalogação na Publicação

Kaschel Simões, Mário
Eu sou o Terceiro

Mário Kaschel Simões, São Paulo: 2013.

ISBN 978-0-9856232-0-3
1. Vida cristã 2. Vida pessoal 3. Bíblia I. Título

Sumário - 3

Dedicatória - 5

Agradecimentos - 6

Introdução - 7

Capítulo 1 - **A ambição de ser o Primeiro** - 9

Capítulo 2 - **Deus é o Primeiro** - 13

Capítulo 3 - **As Pessoas vem em Segundo lugar** - 19

Capítulo 4 - **A Prova dos Sete** - 25

Capítulo 5 - **Eu sou o Terceiro** - 29

Capítulo 6 - **Um Exemplo de Terceiro** - 37

Capítulo 7 - **O Compromisso do Terceiro** - 41

Capítulo 8 - **Movimento Eu Sou o Terceiro** - 43

Capítulo 9 - **"Eu Sou o Terceiro" em todos os lugares** - 47

Capítulo 10 – **Conclusão** - 53

Sobre o autor - 57

Seminários e Palestras - 61

Contato com o autor - 63

Links Recomendados - 64

Eu Sou o Terceiro

*D*edicatória

Dedico este livro aos meus sogros, **Pr. Bertoldo Gatz** e **Profa. Dacyr Bernardes Gatz**, por sempre terem vivenciado e exemplificado o que é ser o Terceiro, em tudo o que fizeram durante toda a vida.

Agradecimentos

Agradeço a Deus pela inspiração e oportunidade de desenvolver este conceito simples e torná-lo prático e significante na vida das pessoas.

Agradeço a minha esposa Priscila, por me apoiar, encorajar e liberar tempo para que pudesse escrever este livro, ministrar mensagens e seminários no Brasil e no exterior.

Agradeço a *Igreja Comunidade Cristã Ágape* e a *Escola Internacional Preparando Gerações* por terem sido o laboratório deste movimento que irá correr pelo mundo.

Agradeço aos meus pais, Pr. Neco e Priscila Simões pelo apoio e incentivo, também ao meu irmão Paulo Simões que se dispôs a tornar este movimento algo mundial.

Introdução

Numa corrida, o importante é chegar em primeiro lugar. Na verdade, o que chega primeiro é quem recebe os aplausos, é condecorado, homenageado e premiado.

O que chega em segundo lugar sempre se sente derrotado. Poucas pessoas se lembram do segundo colocado ou de quem ganhou a medalha de prata. Porém o terceiro, mesmo que tenha sido superado pelos dois, fica feliz em poder subir ao pódio, um privilégio que os demais competidores não podem experimentar.

Cada bebê que nasce neste mundo traz consigo um instinto natural de sobrevivência. Quando ele está com fome, abre o berreiro demandando de sua mãe o leite para saciar a fome. Se a mãe demorar para atendê-lo, o choro aumenta em quantidade e volume. Ou seja, aquela criança deseja ser atendida imediatamente pois ela se tornou o centro das atenções dos pais, avós, amigos e familiares.

Passados alguns meses, aquele bebê começa a aplicar a "Lei Gerson" que "quer tirar vantagem em tudo". Aquele lindo bebê eleva o seu "instinto de sobrevivência" ao "controle da residência", transformando o seu berço em um trono real, de onde ele exige uma solução rápida e um atendimento imediato para suprir suas necessidades. Dentre elas estão: fome, sede, sono, fralda molhada ou suja, ou até mesmo chamar atenção com sua manha, o que é nada mais, nada menos do que... "mãe-nha"! Aquela pequena criança, mesmo ainda sem saber falar uma palavra, já sabe se comunicar e aprendeu a controlar todos em sua volta.

Durante nossa jornada e corrida da vida, é sempre enfatizado a importância de ser o "número um"! Este conceito é assimilado nos esportes, nos relacionamentos, nos estudos, nos negócios, nas finanças e na sociedade. Ele também é propagado por todos os meios de comunicação, seja pela televisão, rádio, vídeos, filmes, jornais, revistas, outdoors e Internet. Além disso, a ambição de ser o Primeiro em tudo é alimentada na família, de geração em geração. Basta ver o fanatismo com que os pais torcem, gritam e até mesmo brigam por seus filhos, enquanto estes participam de alguma competição esportiva ou artística.

Alguns anos atrás, durante a Copa do Mundo, quando Ronaldo-Fenômeno jogava na Seleção Brasileira, depois de fazer um gol, ele levantava o dedo indicador, celebrando o fato de ser o número um. Em outras palavras, faz parte da nossa cultura a ambição e o desejo obstinado de estarmos por cima, no topo, de sermos os primeiros, os maiores, os melhores, os chefes e donos de tudo ao nosso redor.

Capítulo 1

A ambição de ser o Primeiro

Infelizmente este desejo e ambição de ser o Primeiro começou na igreja há muito tempo com os primeiros discípulos de Jesus.

Tiago e João, filhos de Zebedeu, se aproximaram de Jesus e fizeram um pedido:

"Mestre, queremos que nos faças o que vamos te pedir". "O que vocês querem que eu lhes faça?" perguntou ele. Eles responderam: "Permite que, na tua glória, nos assentemos um à tua direita e o outro à tua esquerda".

Disse-lhes Jesus: "Vocês não sabem o que estão pedindo. Podem vocês beber o cálice que eu estou bebendo ou ser batizados com o batismo com que estou sendo batizado?" "Podemos", responderam eles. Jesus lhes disse: "Vocês beberão o cálice que estou bebendo e serão batizados com o batismo com que estou sendo batizado; mas o assentar-se à minha direita ou à minha esquerda não cabe a mim conceder. Esses lugares pertencem aqueles para quem foram preparados".

Quando os outros dez ouviram essas coisas, ficaram indignados com Tiago e João. Jesus os chamou e disse: "Vocês sabem que aqueles que são considerados governantes das nações as dominam, e as pessoas importantes exercem poder sobre elas. Não será assim entre vocês. Ao contrário, *quem quiser tornar-se importante entre vocês deverá ser servo; e quem quiser **ser o primeiro** deverá ser escravo de todos. Pois nem mesmo o Filho do homem veio para ser servido, mas para servir e dar a sua vida em resgate por muitos". Marcos 10:35-45*

Vale a pena repetir as palavras de Jesus: *"Não será assim entre vocês!"* O mundo pode agir de um jeito, mas os cristãos devem agir de outra maneira. Jesus veio estabelecer outra conduta de vida e mostrar um exemplo a ser seguido. Ele não veio para ser servido, mas para servir e dar a sua vida em favor das pessoas.

Jesus nos ensinou uma outra ordem dos fatores, uma outra prioridade, onde o melhor de tudo para nós não é ser o Primeiro, nem o Segundo, mas o importante é ser o Terceiro.

Um religioso chegou a Jesus e perguntou: *"Mestre, qual é o maior mandamento da Lei?"* Veja que pergunta capciosa! Ele queria "pegar" Jesus.

Mas Jesus respondeu: *"Ame o Senhor, o seu Deus, de todo o seu coração, de toda a sua alma e de todo o seu entendimento, pois este é o primeiro e maior mandamento". Mateus 22:36-38*

Jesus, já prevendo que viria uma outra pergunta, afirmou: *"E o segundo, semelhante a este é: ame o seu próximo como a si mesmo. Destes dois mandamentos dependem toda a Lei e os Profetas". Mateus 22:39-40*

A pergunta lógica que vem a seguir é a seguinte: quem é o Primeiro?

João, o discípulo amado, que um dia desejou ser o Primeiro no Reino de Deus, anos mais tarde, aprisionado na ilha de Patmos, teve uma visão sobre o mundo espiritual, sobre o passado, presente e o futuro, relatou assim o seu reencontro com Jesus: *"Quando o vi, caí a seus pés como morto. Então ele colocou a sua mão direita sobre mim e disse: Não tenha medo. Eu sou o Primeiro e o Último. Sou aquele que Vive. Estive morto mas agora estou vivo para todo o sempre!" Apocalipse 1:17-18*

Jesus, não só foi o Primeiro com relação ao tempo, épocas e história, mas também é o Primeiro que merece a nossa prioridade, respeito e honra.

Capítulo 2

Deus é o Primeiro

Jesus resumiu toda a Lei e os Profetas, ou seja, a essência do Antigo Testamento em duas frases. A primeira é: *"Ame o Senhor teu Deus de toda a tua alma, de todo o teu entendimento. Este é o primeiro e maior mandamento"*. Mateus 22:37

Ele estava citando *Deuteronômio 6:5 "Ame ao Senhor de todo o coração, de toda a alma e com todas as suas forças"*. Então devemos amar a Deus de todo o coração, isto é, com o nosso *espírito*. Devemos amar a Deus com nossa *alma*, que são os nossos sentimentos, emoções e pensamentos, e também devemos amar a Deus com todas as nossas forças, ou seja, com o nosso *corpo*.

Nós somos seres de corpo, alma e espírito. Ou melhor, somos um espírito, envolto em uma alma que habita em um corpo. Precisamos amar a Deus em primeiro lugar com tudo o que somos e temos, pois Ele deve ser o Primeiro em nossa vida.

Como posso colocar Deus em primeiro lugar na minha vida? Preciso trabalhar, preciso sustentar minha família, preciso cuidar da minha vida. Como posso fazer isso?

Jesus já respondeu essa pergunta:

"Não se preocupem com sua própria vida, quanto ao que comer ou beber; nem com seu próprio corpo, quanto ao que vestir. Não é a vida mais importante que a comida, e o corpo mais importante que a roupa?

Observem as aves do céu: não semeiam nem colhem nem armazenam em celeiros; contudo, o Pai celestial as alimenta. Não têm vocês muito mais valor do que elas?

Quem de vocês, por mais que se preocupe, pode acrescentar uma hora que seja à sua vida?

Por que vocês se preocupam com roupas? Vejam como crescem os lírios do campo. Eles não trabalham nem tecem. Contudo, eu lhes digo que nem Salomão, em todo o seu esplendor, vestiu-se como um deles.

Se Deus veste assim a erva do campo, que hoje existe e amanhã é lançada ao fogo, não vestirá muito mais a vocês, homens de pequena fé?

Portanto, não se preocupem, dizendo: "Que vamos comer?" ou "Que vamos beber?" ou "Que vamos vestir?" Pois os pagãos é que correm atrás dessas coisas; mas o Pai celestial sabe que vocês precisam delas.

Busquem, pois, em primeiro lugar o Reino de Deus e a sua justiça, e todas essas coisas lhes serão acrescentadas". Mateus 6:25-33

Deus sabe que precisamos de todas essas coisas. Nosso Deus não é simplesmente um Deus religioso, mas um Deus que se preocupa conosco,

com a nossa vida, com o nosso dia-a-dia, com a nossa família, com o nosso trabalho e com o nosso sustento. *"O Pai Celestial sabe que você precisa de todas essas coisas."*

Jesus conclui este ensinamento dizendo: *"Busquem em primeiro lugar o Reino de Deus e a sua justiça e todas essas coisas lhes serão acrescentadas".*

Que coisas? O que vamos comer, vestir, onde vamos morar, em outras palavras: o nosso sustento. Deus promete nos sustentar, dando tudo o que precisamos para viver, contanto que Ele seja a nossa maior prioridade.

A nossa responsabilidade deve ser buscar o Reino de Deus em primeiro lugar.

Aquele que O ama quer fazer a Sua vontade e deseja servi-Lo, com a finalidade de expandir o Seu Reino.

Apaixonado

Você se lembra de quando se apaixonou pela primeira vez por aquela garota ou rapaz? Quando amamos uma pessoa, queremos passar muito tempo com ela e fazer tudo para agradá-la.

Lembro-me de quando fiquei apaixonado pela Priscila (e ela por mim... ainda bem!). Ela morava a 50 quilômetros de distância. Nós morávamos em Dallas, e ela em Fort Worth, no Texas, nos

Estados Unidos. Lembro-me que fazia aquele longo percurso só para encontrá-la. Não via a hora de chegar lá! Por causa disso, tomei algumas multas no caminho pois queria revê-la o quanto antes.

Quando estávamos juntos o tempo literalmente voava. O relógio andava rápido demais, e quando via, já era hora de voltar para casa. Durante a volta, parecia que eu estava flutuando nas nuvens...

Não via a hora de encontrá-la novamente. Sempre procurava maneiras para agradá-la, presenteá-la, porque eu a amava!

Já se passaram duas décadas e estou mais apaixonado por ela do que antes!

Quando amamos uma pessoa, queremos dar o nosso melhor para ela.

Amar a Deus de todo o coração, de toda a alma, de todo entendimento, de todas as suas forças é querer agradá-Lo com tudo que temos. Buscar o Reino de Deus e servi-Lo significa se envolver na Sua obra hoje, disponibilizando seu trabalho, seu negócio, seu tempo, seu conhecimento, seus dons e seus talentos.

Aqueles que tem um negócio de família e trabalham com os pais, sabem que o maior desejo deles é o de trabalhar junto com seus filhos.

Este também é o desejo de Deus: que nós filhos, venhamos a trabalhar juntos na obra do Pai.

Deus tem muito para realizar nos dias de hoje. Os problemas são cada vez maiores, os conflitos tem aumentado e as pessoas passam por dificuldades cada vez mais.

Porém, Deus ama as pessoas e ainda tem algo a realizar neste mundo. Sabe quem Ele vai usar para realizar a Sua obra nos dias de hoje? Nós! Você e eu.

É uma questão de mordomia. Quando usamos os recursos que Deus já nos deu, tanto seus talentos naturais como seus dons espirituais, Ele pode fazer grandes coisas!

Deus quer usar todas as oportunidades que nos dá diariamente para expandir o Seu Reino, Seus valores e Seus princípios no mundo atual.

Eu Sou o Terceiro

Capítulo 3

As Pessoas vem em Segundo lugar

Portanto, se Deus é o Primeiro, quem é o Segundo? A resposta é uma só: VOCÊ!

Em outras palavras: **As pessoas vem em Segundo lugar.**

Jesus acrescentou: *"Semelhantemente, o segundo mandamento é: ame ao seu próximo como a si mesmo"*.

Da mesma maneira que amamos a Deus devemos amar as pessoas: de todo o nosso coração, de toda a nossa alma, e com toda a nossa força. Amar o próximo significa amar as pessoas que Deus ama.

Jesus não veio a este mundo e morreu na cruz para salvar instituições ou estruturas físicas. Jesus veio para nos salvar. *"Porque Deus amou o mundo de tal maneira, que Ele deu o seu único filho para que todo aquele que Nele crê, não se perca, mas tenha a vida eterna"*. Esta é a essência da Bíblia, narrada em João 3:16. Esse amor de Deus nos constrange e nos desafia a sermos os porta-vozes e condutores do Seu amor às pessoas. Precisamos vivenciar e manifestar esse amor **Ágape,** amor incondicional, que ama as pessoas apesar de...

Muitas vezes encontramos vozes amarguradas que dizem: "Amar a Deus tudo bem! Mas amar as pessoas? Isso é impossível! Você não conhece meu chefe, não conhece meu funcionário, não conhece meu marido, não conhece meu filho, não conhece meu cunhado, e menos ainda conhece a minha sogra!"

Não importa quem eles sejam ou o que tenham feito no passado. É Deus que está dizendo: "Vocês precisam amar!" E, como podemos fazer isso? *"Nada façam por ambição egoísta ou por vaidade, mas humildemente considerem os outros superiores a si mesmos. Cada um cuide, não somente dos seus interesses, mas também dos interesses dos outros". Filipenses 2:3-4*

Dois vilões

Todos nós temos dois vilões que se escondem dentro da nossa natureza pecaminosa, que são o **egoísmo** e a **vaidade**. O ser humano já nasce com esses "irmãos gêmeos", que desde a infância, começam a agir.

Quando nossos filhos eram menores, fomos convidados para visitar uma família amiga. Os pais muito atenciosos e gentis encaminharam nossos meninos para brincarem no quarto do filho deles, dizendo: "Ele tem muitos brinquedos e vocês vão se divertir bastante, enquanto conversamos com seus pais." Tivemos que abreviar a nossa visita, quando nossos meninos, com as carinhas tristes

entraram na sala e nos segredaram: "Ele não deixa a gente pegar nenhum brinquedo e fica falando 'Isso é meu, é meu'. Nós queremos ir embora para casa." Antes de sairmos vimos aquele quarto que parecia muito mais uma loja, repleta de brinquedos, mas era tudo dele e só dele.

Existem crianças que antes mesmo de falar "mamãe" e "papai", falam "é meu!" Os pais precisam trabalhar muito com seus filhos para os ensinar a serem desprendidos e compartilharem as coisas com os outros.

A vaidade é cada vez mais aguçada pela sociedade e pela mídia, ao ponto das pessoas darem mais ênfase à *beleza da aparência exterior* do que a *nobreza do caráter interior*. É muito mais fácil fazer uma maquiagem para cobrir manchas e rugas na pele, do que corrigir manchas e marcas na alma. Pesa menos levantar cinquenta quilos na academia, do que erguer um quilo de culpa na consciência. É menos doloroso correr uma maratona com milhares de competidores, do que dar cinco passos na direção de uma pessoa que você precisa perdoar.

Dois super-heróis

O egoísmo e a vaidade alimentam o nosso ego, fazendo-nos sentir superiores as outras pessoas. O mundo de hoje vive exatamente essa experiência. Se o egoísmo e a vaidade nos cercarem precisamos combater esses dois "irmãos gêmeos" com a poderosa ação de outros dois super-heróis chamados: **humildade** e **consideração**. Como ensina o apóstolo Paulo: *"...mas humildemente considerem os outros superiores a si mesmo." Filipenses 2:3*

Como podemos fazer isso? É **natural** e esperado que cuidemos de nossos interesses, nosso bem estar, nossa alimentação, nossa moradia, nossa saúde, nossa segurança, nosso conforto, da nossa família e de tudo que faz parte da nossa vida! Já nascemos com o instinto de querer cuidar dos nossos interesses. Isso faz parte do nosso kit de sobrevivência.

Contudo, é **sobrenatural** (acima do natural) considerarmos os outros superiores a nós mesmos. Somente Deus pode mudar a nossa natureza e realizar isso em nós e por nós. Precisamos aprender a considerar as pessoas superiores a nós mesmos. Essa é uma atitude de servo. E não é de forma alguma, um complexo de inferioridade, como muitos podem crer. Ao contrário, esse é um sentimento extremamente nobre que nasce apenas em um coração cheio de humildade. Esta foi uma característica marcante na vida do Senhor Jesus: *"Tomem sobre vocês o meu jugo e aprendam de mim, pois sou manso e humilde de coração". Mateus 11:29*

Se estivermos dispostos a aprender essa grande verdade, Jesus estará sempre disposto a nos ensinar.

O próximo mais próximo

Então, quem é o nosso próximo mais próximo? Quem é? Não é aquele que está no trabalho, na escola, na universidade e nem tão pouco aquele que está na igreja, mas sim, aquele que mora lá em casa conosco. É aquela pessoa que dorme ao seu lado, aqueles que convivem debaixo do mesmo teto e os que todos os dias compartem a refeição juntos. Quem é esse próximo mais próximo?

Com certeza, se somos casados, é o nosso cônjuge. Nossos pais e nossos irmãos são os nossos próximos mais próximos. E os outros mais próximos, quem são? Os amigos, os vizinhos, os colegas de escola ou faculdade, os irmãos em Cristo, e todos os colegas de trabalho.

Abrindo esse leque de relacionamentos, estão aquelas pessoas que conhecemos no posto de gasolina, na padaria, no supermercado, no banco, na farmácia, na academia ou no clube. Próximos também são aqueles desconhecidos que passam por nós diariamente: alguém que cruza conosco na rua e pede uma informação, alguém que vemos no elevador, nas filas, no ônibus ou até mesmo no avião.

Como podemos considerar os outros superiores a nós mesmos?

A nossa vida e a nossa família vão mudar, no momento em que começarmos a considerar os outros superiores a nós mesmos.

Capítulo 4

A Prova dos Sete

Quero desafiá-lo a fazer uma experiência: a **"Prova dos Sete"**.

Nos próximos sete dias, seja generoso com o seu esposo e sua esposa. Procure agradar essa pessoa maravilhosa com quem você decidiu compartilhar a sua vida. Considere essa pessoa superior a você e faça tudo o que estiver ao seu alcance para agradá-la. Invista tempo, converse com o seu cônjuge, ouça, tenha paciência, e faça o que ele gosta. Sirva, sorria e surpreenda-o com algo inesperado e significativo: uma atividade, um passeio ou então um presente que expressa o seu amor, gratidão, compromisso e interesse pela vida dele.

Faça o mesmo com seus filhos, com seus pais, com seus irmãos de casa e da igreja e também com os familiares (inclusive a sogra). Faça a "Prova dos Sete" com os seus amigos e colegas de trabalho, e até mesmo com o seu chefe, ou então com os seus funcionários. Considere-os superiores a você!

Talvez você pergunte: "Mas por quê?" Porque as pessoas vem em Segundo lugar.

É muito importante que você seja honesto e sincero consigo mesmo e também com o seu próximo. Mas não faça isso de qualquer jeito, forçado ou mal-humorado dizendo: "Eu estou apenas fazendo aquilo que o livro mandou! Não reclame e nem se acostume porque vou fazer isso só por sete dias!"

Faça uma experiência de uma semana, e você verá o que vai acontecer na sua vida e nos seus relacionamentos.

O impacto será tão grande, que com certeza, você irá repetir a dose, e prorrogar a "Prova dos Sete" por mais uma semana, e assim por diante. Dessa maneira, sete dias irão virar sete meses, que irão virar sete anos, que irão virar um estilo de vida que você nunca mais vai desejar mudar (e muito menos a sua rede de relacionamentos).

Em Filipenses 2:5-8, nós encontramos um segredo: *"Seja a atitude de vocês a mesma de Cristo Jesus, que embora sendo Deus, não considerou que o ser igual a Deus era algo a que devia apegar-se, mas Jesus esvaziou-se a si mesmo vindo a ser servo.*

Tornando-se semelhante aos homens e sendo encontrado na forma humana, humilhou-se ainda a si mesmo, e foi obediente até a morte e morte de cruz."

O maior exemplo que temos de alguém que, sendo Rei, se tornou servo e nos deixou um modelo a seguir, é Jesus Cristo. Se Deus fez isso por nós, então, podemos fazer o mesmo pelo

nosso cônjuge, nossos filhos, nossos colegas de trabalho e nossos irmãos na Igreja. Podemos servir onde estivermos.

Jesus é o nosso modelo de vida. Ele é um exemplo a ser seguido. Qualquer outra comparação ou padrão serão pequenos demais para serem adotados.

Em 1 Pedro 4:10, encontramos mais um segredo sobre este assunto: *"Cada um exerça o dom que recebeu para servir os outros..."* Em outras palavras, por causa do dom que recebemos, não podemos dizer: "Veja como sou bom! Como canto bem, como toco bem, como sei administrar, como sei cuidar, como sei vender!" Nós recebemos esses dons para servir as outras pessoas.

E o texto continua: *"...Cada um sirva, exerça esse dom, administrando fielmente a graça de Deus em suas múltiplas formas."* Deus deu graça para cada um de nós, inclusive para aqueles que estão lendo este livro. Saiba disso. Portanto, cabe a nós manifestarmos essa graça de Deus de muitas maneiras. Como?

"Se alguém fala, faça-o como quem transmite a Palavra de Deus. Se alguém serve, faça-o com a força que Deus provê, de forma que em todas as coisas Deus seja glorificado mediante Jesus Cristo, a quem sejam a glória e o poder para todo o sempre. Amém!" 1 Pedro 4:11

Pedro ficou tão empolgado com esta verdade que aprendeu que a colocou nesta carta, e no final da sentença diz: *"Amém!"* que significa "Assim seja!"

Que assim seja na sua vida. Não importa o dom que tenhamos, estamos aqui para servir aos outros e considerá-los superiores a nós. Por quê? Porque as pessoas vem em Segundo lugar!

Capítulo 5

Eu sou o Terceiro

Se Deus é Primeiro, as pessoas vem em Segundo lugar, então, quem é o Terceiro?

"Eu sou o Terceiro!" leitor, repita comigo: "Eu sou o Terceiro!" não importa se há alguém do seu lado ou não.

O segundo mandamento é: *"Ame ao seu próximo como a si mesmo"*. *Mateus 22:39*

A verdade é que precisamos nos amar a nós mesmos. Esse é o ponto que não precisamos elaborar muito, pois é o que mais sabemos fazer... nos amar a nós mesmos! Amar a si mesmo significa cuidar de si mesmo, em todas as áreas de nossa vida.

Fazemos o asseio corporal diariamente. Todos os dias nos alimentamos várias vezes, e também descansamos e dormimos. Tudo isso faz parte do nosso instinto de sobrevivência, somado a outra característica natural humana, que é o egoísmo.

Sempre vamos cuidar dos nossos interesses em Primeiro lugar.

A ordem natural humana das prioridades é a pessoa se amar e se colocar em Primeiro lugar, mesmo antes de Deus e das outras pessoas. Mas não deve ser assim!

Pois a ordem sobrenatural divina é inverter essas prioridades, e isso só é possível com a ajuda, com a graça e força de Deus, que é o Primeiro.

Ser o Terceiro em casa

Lembre-se que Deus deve ser o Primeiro na sua casa. Ele deve ser o Senhor da sua família e todas as outras pessoas que vivem lá devem vir em Segundo lugar.

Ao se levantar pela manhã pense na sua família e declare: "Deus é o Primeiro, eu sou o Terceiro e a minha família vem em Segundo lugar. O que posso fazer para agradar e ajudar minha família? De que maneira posso amá-la e servi-la nesse dia?"

Este novo conceito tem influenciado o meu relacionamento com minha esposa e meus filhos. Com isso em mente, foco a minha atenção nas pessoas mais importantes de minha vida e eles se sentem amados e valorizados.

Ser o Terceiro no trabalho

Quando chegar ao trabalho, pense o seguinte: "Deus é o Primeiro aqui na empresa: Ao trabalhar, estou honrando a Deus através dos dons e talentos que Ele me deu. As pessoas vem em Segundo lugar. Como posso servi-las da melhor maneira possível? Que atitude, palavras e ações posso ter, para fazer diferença na vida dos meus colegas, da minha equipe, do meu chefe e dos meus clientes? Qual é uma coisa simples que fará grande diferença na vida daqueles com quem vou conviver no dia de hoje?"

Por que vou agir dessa maneira? Porque **Eu Sou o Terceiro**!

Tome iniciativa, seja proativo e tenha interesse pelas pessoas.

Alguns anos atrás, estive em uma conferência onde Jim Collins (autor do livro "Empresas feitas para Vencer") disse o seguinte: *"Pare de ser alguém interessante para as pessoas e torne-se alguém interessado nas pessoas."*

Nos dias de hoje, onde a competividade no mundo dos negócios está cada vez maior, onde os produtos e preços são os mesmos entre as empresas concorrentes, o grande diferencial é a qualidade do serviço prestado ao cliente.

Um **bom atendimento** é o fator determinante para captar um novo cliente, fechar um negócio, vender um produto ou contratar um serviço. Porém, um excelente atendimento pós-venda é o que garantirá o "repeat business", fidelização do cliente, recompra do produto, continuidade do serviço, renovação do contrato e a geração de novos negócios. Isso, sem contar os outros negócios que poderão surgir pelo fato do cliente satisfeito recomendar sua empresa para muitas outras pessoas.

Porém, a publicidade boca-a-boca, pode ser negativa, pois um cliente frustrado e insatisfeito pode falar mal de sua empresa para muitas pessoas. Portanto, para que isso não aconteça, comece o movimento **Eu Sou o Terceiro** na sua empresa. Este conceito pode revolucionar o seu trabalho, comércio ou negócio.

Ser o Terceiro na igreja

É incrível pensar que este conceito, que deveria ser a marca registrada dos cristãos, tornou-se uma exceção dentro da Igreja.

Lembre-se que Deus é o Primeiro em tudo na sua vida, inclusive quando participar dos cultos na Igreja.

Se Deus é o Primeiro, participe com regularidade

Tenha um compromisso inadiável com Ele e compareça regularmente aos cultos semanais de sua Igreja. Não devemos deixar de lado as atividades da Igreja, com a desculpa de estar cansado, ou porque vai chover, ou ainda porque chegou uma visita.

Se Deus é o Primeiro, demonstre que é pontual

Nunca chegue atrasado, depois que o culto já começou. Ninguém pensaria em chegar atrasado a uma reunião com o Diretor ou Presidente de sua empresa.

Se Deus é o Primeiro, adore de verdade

Não seja um mero espectador ou observador durante o período de louvor e adoração. Algumas pessoas vibram e torcem como fanáticos pelo seu time de futebol em casa ou no estádio, mas durante o culto, são frias, distantes e apáticas. Parece que estão em um velório.

Se Deus é o Primeiro, dê com generosidade

Deus não tem sido fiel e muito generoso conosco? Então é mais do que normal Ele esperar que retribuamos da mesma maneira: fiel nos dízimos e generoso nas ofertas. O dízimo é o mínimo que podemos dar. *"Se não damos o mínimo para Deus, isso prova que não damos a mínima para Deus!"(do autor)*

Se Deus é o Primeiro, então dê primeiro a Ele

Ao ofertar dê o seu melhor. Não escolha as menores notas na sua carteira, mas separe as que são maiores. Quantas pessoas não dão nada, ou quando o fazem, dão restos e migalhas para Deus e mesmo assim, querem receber do bom e do melhor.

Gálatas 6:7 "Não vos enganeis..." (porque as pessoas facilmente se enganam...) *"de Deus não se zomba"* (não dar nada a Deus e esperar receber muito, é zombar Dele) *"...pois aquilo que o homem semear, isso também ceifará".*

Decida, de uma vez por todas, que Deus será o Primeiro na sua vida financeira.

Se Deus é o Primeiro, sirva com integridade

Fomos salvos para servir, e não para ficar sentados num banco da Igreja.

Aprendi há muitos anos atrás: *"Se você não serve, você não serve!"*

"Jesus não veio a este mundo para ser servido, mas para servir e dar a sua vida em resgate por muitos". Mateus 20:28

Deus deseja que nós o sirvamos, assim como espera que sirvamos as pessoas com os dons e talentos que Ele nos deu. Servir a Deus não quer dizer estar limitado a um dia específico e local determinado, ou seja, a Igreja. É preciso servir a Deus em sua casa (na célula ou pequeno grupo) e no seu trabalho durante a semana. Saiba que **o seu trabalho é o seu ministério**. (Visite o site - www.7montanhas.com.br para maiores detalhes.)

Integridade significa ser uma coisa só, a mesma pessoa em casa, na Igreja, no trabalho ou onde estivermos. Ter a mesma atitude e conduta no fim de semana, e também durante toda a semana.

Ser o Terceiro no trânsito

Veja só que desafio! Se as pessoas vem em Segundo lugar, então elas tem prioridade, mesmo que estejam a pé na rua, ou dirigindo um veículo, moto ou bicicleta. Em outras palavras, sempre que for possível, dê passagem para elas.

Quantas vezes agi como o Primeiro, não cedendo passagem a um carro ou a um pedestre. Porém, as coisas tem mudado depois que assumi meu papel de ser o Terceiro, mesmo estando atrás do volante.

Depois que fiz este compromisso, estava dirigindo o carro com meus filhos, e vi um pedestre que estava aguardando para atravessar a rua. Reduzi a velocidade, pisquei a luz, parei o carro e fiz um gesto para o cidadão atravessar a rua. Diante daquele momento histórico, meu filho Felipe disse: "Você está bem? Pai, aconteceu alguma coisa com você? Nós nunca vimos isso antes?" Respondi: "Estou bem. Aconteceu algo sim... eu vou dar passagem às pessoas, porque agora **Eu sou o Terceiro** até no trânsito!"

O movimento **Eu Sou o Terceiro** não vai melhorar o trânsito de nossas cidades, porém vai diminuir as brigas, os xingamentos, as fechadas, as agressões e até mortes. Com certeza esse movimento vai aumentar o senso de respeito, gentileza, bondade e solidariedade entre os cidadãos.

Não custa nada fazer uma cortesia no meio de um trânsito violento, onde atrás do volante se encontram, tanto homens como mulheres, egocêntricos e muitas vezes malcriados. Experimente ser cortês, "não dói nada!"

Capítulo 6

Um Exemplo de Terceiro

Gostaria de destacar a vida de um homem que foi um grande exemplo e viveu de forma tão clara essa verdade que Deus era o Primeiro, as pessoas vinham em Segundo lugar, e ele era o Terceiro. Seu nome é João Batista. Ele foi o último profeta que prenunciou a vinda do Messias. Ele mesmo veio preparar o caminho para a chegada de Jesus.

João Batista estava em plena atividade, pregando o arrependimento, ensinando e batizando às pessoas. Algum tempo depois, seu primo Jesus, começou o seu ministério e também estava batizando e ensinando. Alguns dos discípulos de João disseram a ele: "João, nós vamos seguir aquele outro homem, Jesus!" Em outras palavras: "Vamos seguir o concorrente."

Imagino que um dos seus seguidores possa ter "jogado mais gasolina no fogo" dizendo: "João, você está perdendo o mercado e o seu público! Esse tal de Jesus de Nazaré acabou de chegar e já está copiando você. Veja só, ele está até batizando! E isso não pode acontecer, pois essa é a sua marca registrada! Você é conhecido como João, o

Batista! Onde já se viu? João, você precisa fazer algo, se não, vai perder o seu emprego e o seu ministério vai acabar!"

João Batista, em primeiro lugar, tinha consciência da sua:

1. Posição

"Uma pessoa só pode receber o que lhe é dado dos céus".
João 3:27

Vemos também que João tinha a certeza da sua posição diante de Deus. Ele sabia que tudo que tinha havia sido dado por Deus, e que tudo pertencia a Deus. Da mesma forma, precisamos saber que tudo o que somos, tudo o que temos e possuímos: recursos, dons, talentos, influência, afluência, bens, oportunidades, tempo e ministério, não são nossos, mas pertencem a Deus! Ele simplesmente colocou tudo isso em nossas mãos para usarmos na Sua obra, enquanto vivermos nesse mundo.

Recentemente, ao entrar na casa de um casal de amigos que iria me hospedar por alguns dias, ouvi as seguintes palavras: "Essa casa não é nossa. É de um amigo em comum que nos emprestou por alguns anos para cuidar dela e usá-la para hospedar e servir muitas pessoas, inclusive você!"

Que linda atitude de verdadeiros mordomos de Deus.

Deus era o Primeiro na vida de João Batista e deve ser o Primeiro em nossas vidas.

2. Propósito

"Vocês mesmos são testemunhas do que eu disse. Eu não sou o Cristo, mas aquele que foi enviado adiante Dele!" João 3:28

João tinha consciência do seu propósito de vida. Ele sabia claramente qual era a sua missão e sua posição. Sabia que ele não era o Cristo, mas que havia sido enviado antes Dele para anunciar a Sua vinda e mostrar às pessoas o único Salvador e Senhor da humanidade: Jesus Cristo.

João ainda acrescenta: *"A noiva pertence ao noivo. O amigo que presta serviço ao noivo e que o atende e o ouve, enche-se de alegria quando ouve a voz do noivo. Esta é a minha alegria que agora se completa".* João 3:29

O nosso propósito hoje deve ser o mesmo de João Batista: "Ir adiante das pessoas e anunciar Jesus."

A única diferença é que João Batista apontava para o futuro, dizendo: "Jesus virá!", e nós apontamos para o passado, dizendo: "Jesus já veio!" Hoje, somos testemunhas vivas das mudanças que Jesus fez na história, na vida de bilhões de pessoas, e em nossas vidas!

Para João Batista, as pessoas vinham em Segundo lugar e para nós, elas também devem vir em Segundo lugar.

3. Prioridade

Por último, vemos a consciência que João tinha da sua prioridade. Ele disse: *"É necessário que Ele cresça e que eu diminua". João 3:30*

Querido leitor, saiba de uma coisa: É necessário que Jesus cresça na sua vida e que você diminua! Procure entender isso: **É necessário** que Jesus cresça e você diminua!

É preciso viver assim: É necessário que Jesus cresça e eu diminua!

É necessário...

Por que é necessário?

Porque Deus é o Primeiro...

As pessoas vem em Segundo lugar... e

Eu sou o Terceiro.

Capítulo 7

O Compromisso do Terceiro

Gostaria de desafiar você a assumir o compromisso: **"Eu Sou o Terceiro"**.

Leia agora esta oração de compromisso em voz alta:

"Querido Deus, obrigado por mais um dia de vida. Perdoe-me por todas as vezes que ocupei o Primeiro lugar, agindo como chefe, diretor e senhor. Reconheço que Jesus é Deus, Salvador e Senhor da minha vida! Desejo que o Senhor seja o Primeiro em meus pensamentos, atitudes, palavras e ações. Coloco-me à Tua disposição para fazer a Tua vontade e cumprir o Teu propósito através de meus recursos, talentos, dons, dos meus bens, do meu tempo e das minhas oportunidades.

Senhor, reconheço que as pessoas vem sempre em Segundo lugar! Ajuda-me a amar e servir aqueles que o Senhor tanto ama. Mostra-me como posso fazer isso de uma maneira criativa, generosa, sincera e com muito amor. Tanto em minha casa, como na escola e no trabalho, desejo que todas as pessoas que o Senhor colocar diante de mim, sintam o Teu amor através da minha vida.

Senhor, sei que essa é a única oportunidade que terei de viver hoje, portanto, eu quero aproveitá-la ao máximo. Obrigado pelo dia que vou viver, pelas coisas que farei, pelas vidas que influenciarei e pelos resultados que terei. Reconheço a minha posição, compreendo o meu propósito, e quero viver a minha prioridade.

Pai, quero ocupar humildemente o meu lugar como teu filho e declarar:

"Eu sou o Terceiro".

Mantenha este livro na cabeceira da sua cama, e todos os dias, ao despertar, faça essa oração de compromisso com Deus, dedicando o seu dia a Ele.

Se desejar, entre no site www.EuSouoTerceiro.com, na área de **downloads**, e baixe gratuitamente esta oração em dois formatos: Texto em .pdf ou o áudio em .mp3. Você poderá então ler e ouvir no seu computador, tablet ou celular.

Capítulo 8

Movimento: Eu Sou o Terceiro

O movimento **"Eu sou o TERCEIRO"** é uma estratégia simples, rápida e eficaz para **amar** e **servir** a Deus, as pessoas e a si mesmo.

Esse conceito é totalmente contrário a cultura da nossa sociedade que ensina que "Eu devo ser o Primeiro em tudo!"

Jesus nos ensinou justamente o oposto:

"Amarás o Senhor teu Deus de todo coração, alma e força"
- **Deus em Primeiro.**

"Amarás o teu próximo"
- **As pessoas vem em Segundo lugar.**

"Como a ti mesmo"
- **E você é o Terceiro.**

Este movimento trará à sua vida três grandes benefícios:

Conscientização

Você é a pessoa mais impactada e melhor para fazer parte deste movimento.

Deus ordenou ao seu povo o seguinte: *(Deuteronômio 6:5-8) "Ame o Senhor, o seu Deus de todo o seu coração, de toda a sua alma e de todas as suas forças. Que estas palavras que hoje lhe ordeno estejam em seu coração. Ensine-as com persistência a seus filhos. Converse sobre elas quando estiver sentado em casa, quando estiver andando pelo caminho, quando se deitar e quando se levantar. **Amarre-as como um sinal nos braços..."**

O ato de usar uma pulseira no seu braço servirá de lembrança constante de obedecer este mandamento.

O primeiro benefício que você terá ao usar a pulseira, camiseta, adesivo ou qualquer outro recurso visual, é ser lembrado constantemente que Deus é o Primeiro na sua vida e que as pessoas vem em Segundo lugar. Todas as suas *atitudes, palavras e ações* devem refletir essa condição.

Será que sua *atitude* com relação a Deus tem sido positiva e cheia de fé e de expectativa com relação à vontade Dele para sua vida?

Será que as *palavras* que saem da sua boca tem glorificado a Deus, especialmente aquelas faladas fora da Igreja?

Será que as suas *ações* tem sido condizentes com as de um cristão que professa a Jesus como seu Senhor e Salvador?

A pulseira e demais recursos serão uma constante lembrança no seu dia-a-dia.

Comunicação

Uma das maiores dificuldades que os cristãos tem é a de compartilhar a sua fé com as outras pessoas.

Ao usar a pulseira (ou outros recursos visuais), inevitavelmente alguém perguntará: "Se você é o Terceiro, quem é o Primeiro?"

É nesse momento que você terá a oportunidade de dizer: "Deus é o Primeiro na minha vida!"

Então você poderá testemunhar rapidamente sobre o que Deus fez no passado e está fazendo na sua vida, bem como falar das promessas de Deus para sua vida no futuro.

A pulseira é uma maneira rápida, descontraída e eficiente de começar uma conversa com pessoas conhecidas e também aquelas que são desconhecidas.

Você terá a alegria de poder testemunhar a respeito de Deus.

Contribuição

A segunda pergunta que a pessoa deverá fazer é: "Então, quem é o Segundo?"

A resposta é simples. Olhe bem nos olhos da pessoa, e gentilmente aponte o dedo indicador e diga: "Você!" Em seguida diga: "Agora, quem tem duas perguntas para fazer a você sou eu: 'Como posso ajudar você? O que posso fazer para te servir?'"

Esta é uma maneira prática de ser "*sal da terra e luz do mundo*", manifestando o amor de Deus através do serviço ao próximo. Dessa forma você pode servir as pessoas através de seus dons, talentos, recursos, influência, relacionamentos e conhecimento.

Como consequência, a pessoa se sentirá valorizada pela atenção que deu a ela, e você se sentirá realizado por ter feito a diferença na vida dela.

Capítulo 9

"Eu Sou o Terceiro" em todos os lugares

Na Família

Adote este conceito na sua família. Converse com seu cônjuge e organize um evento especial para lançar o Movimento em sua casa.

Leiam este livro juntos e expliquem o conceito aos seus filhos. Depois coloquem as pulseiras no braço de cada membro da família (ou outros recursos visuais), e assumam um compromisso de cada um ser o Terceiro para os demais membros da família.

Tornem este movimento criativo e divertido. Reconheçam "O Melhor Terceiro do Mês" premiando aquele que mais serviu e ajudou a família durante o mês. Encontrem maneiras especiais de valorizar os vencedores.

No meu primeiro livro *"As 4 Estações da Vida"* (*www.4estacoesdavida.com* e *www.the4seasonsoflife.com* em Inglês), explico o fato das pessoas passarem por diferentes estações de vida. Por exemplo: Um filho pode estar na **Primavera** se preparando para entrar na faculdade, enquanto o pai está no **Verão** de alta produtividade no seu trabalho. Ao mesmo tempo a mãe está no **Outono** enfrentando uma enfermidade, e a outra filha está no **Inverno**, se recuperando de término de namoro.

Creio que este livro será útil de duas maneiras. Primeiro, ajudar você a aproveitar as oportunidades e superar os desafios de cada Estação da sua vida. Segundo, capacitar você a entender como pode ser um Terceiro melhor, não somente para seus familiares, mas também para todas as pessoas do seu convívio.

Na Igreja

Algumas igrejas tem adotado **"Eu sou o Terceiro"** como tema do ano, outras tem usado o tema para uma campanha de serviço, ação social e evangelização.

Outras igrejas tem introduzido o movimento em seus ministérios, células e pequenos grupos. Eles tem estudado este livro e aprofundado o tema com outras mensagens e estudos bíblicos.

Essa estratégia tem colaborado grandemente no crescimento ministerial e espiritual de cada cristão, e consequentemente, tem expandido a influência da igreja na sociedade e contribuído para o crescimento numérico da mesma.

Se, ao perguntar: "Como posso ajudar você? O que posso fazer para te servir?", e a pessoa responder: "Eu preciso de dinheiro!", se você tiver condições financeira de ajudar, faça. Porém, se você não puder, ajude-a dizendo o seguinte: "Eu sei quem pode te ajudar. Vamos falar com O Primeiro!"

Na Empresa

Leve o Movimento **"Eu Sou o Terceiro"** para a sua empresa. Esse conceito irá fortalecer alguns valores importantes e essenciais para o seu sucesso.

Colaboração entre os membros da equipe

Cada integrante do "staff" (equipe) reconhecerá que deve estar completando e não competindo com os demais colegas de trabalho. O Movimento **"Eu Sou o Terceiro"** contribuirá para a diminuição da competição entre os departamentos e fomentará um ambiente de trabalho mais agradável e amistoso.

Lance "O Melhor Terceiro do Mês" e solicite para que os colegas indiquem aqueles que mais se destacaram e como colaboraram com os outros.

Atendimento excelente ao cliente

Cada colaborador, especialmente os que lidam diretamente com os clientes nos departamentos de marketing, vendas, pós-vendas, recepção, manutenção, serviço e SAC, será lembrado constantemente que *"O segredo da existência da empresa no futuro depende da excelência do atendimento ao cliente no presente."* (do autor)

Um cliente na loja, ao observar a pulseira no braço de um vendedor, poderá perguntar: "Você é o Terceiro em vendas?" "Não" responderá ao vendedor: "é uma questão de prioridade... Deus é o Primeiro, eu sou o Terceiro, e você é o Segundo! Como posso ajudá-lo? O que posso fazer para servi-lo?"

Depois que o cliente se compuser do susto, atenda-o e faça a venda. Não se surpreenda com a quantidade de pessoas que esse cliente trará no futuro, por causa desse gesto de interesse genuíno do vendedor, em suprir a necessidade dele.

O Movimento **"Eu Sou o Terceiro"** ajudará a captar e manter seus clientes felizes, valorizados e satisfeitos.

Responsabilidade social da Empresa

Um dos fatores que tem destacado muitas empresas das demais é o fato dela compartilhar uma parte de seus lucros, produtos ou serviços com a sociedade.

Se sua empresa tem uma ou mais obras sociais que ela contribui regularmente, ótimo. Caso não tenha, sugiro que procure uma escola, creche, orfanato, asilo, hospital, casa de recuperação, igreja, ministério, ONG ou OCIP, e invista generosamente, independente do abatimento fiscal ou divulgação na mídia.

Um amigo meu, CEO de uma multinacional, após aderir ao Movimento **"Eu Sou o Terceiro"** declarou durante uma convenção de vendas: "Como empresa, em vendas e no mercado, somos o Primeiro. Mas como pessoas e colaboradores, nós somos o Terceiro!"

Se você deseja organizar uma palestra instrutiva e motivacional para lançar o Movimento **"Eu Sou o Terceiro"** em sua empresa, envie um e-mail para: contato@eusouoterceiro.com

"Você não é planta!"

Do autor

"Você não é planta, árvore ou arbusto. Você é um ser humano, valioso e augusto!

Você não foi criado com raízes fincadas no pavimento, mas foi criado com pés que devem estar em constante movimento.

Você não foi feito com troncos espessos e estáticos, mas foi feito com pernas fortes e dinâmicas.

Você não foi formado com galhos expostos e frondosos, mas com braços dispostos e generosos.

Você não foi adornado com folhas nas suas extremidades, mas foi munido com mãos para amar e servir a todos, de todas as idades.

Você não foi decorado com flores para colorir e perfumar, mas foi criado com vida para a muitos poder influir e transformar.

Você não foi provido para dar frutos segundo a sua espécie, porém designado para produzir muitos frutos que a todos enobrece.

Você não foi equipado com sementes para serem plantadas com muito labor, mas foi desafiado a influenciar a todos com muito amor!"

Capítulo 10

Conclusão

Gostaria de concluir este livro contando uma linda história que aprendi desde que era criança.

Certo dia, um menino estava andando pela praia apanhando estrelas-do-mar na areia e jogando-as de volta na água, pois estas haviam sido trazidas pela maré alta.

Um homem, ao observar o trabalho daquele garoto, se aproximou dele e disse: "O que você está fazendo, garoto?" Ele respondeu: "Estou salvando estas estrelas-do-mar!"

"Mas veja só, meu filho, a praia está repleta de estrelas-do-mar... devem ser milhares! O que você está fazendo, não vai fazer nenhuma diferença!"

Então o menino parou, se agachou e com muito carinho apanhou uma outra estrela-do-mar e disse: "É verdade que eu não vou conseguir salvar todas elas, mas eu vou fazer a diferença para esta!" e atirou aquela estrela-do-mar por sobre as ondas...

Você, como eu, já deve ter percebido que sozinho, não conseguirá mudar, nem fazer a diferença no mundo. Porém, como este garoto na praia, você, com certeza, pode fazer a diferença na vida de algumas pessoas, que tem o privilégio e a oportunidade de conviver com alguém tão especial como você!

Eu Sou o Terceiro - Não é uma fórmula mágica, mas tem realizado alguns milagres.

Eu Sou o Terceiro - Não é a resposta a todos os questionamentos, mas tem respondido algumas perguntas.

Eu Sou o Terceiro - Não é a solução para todos os problemas do mundo, mas tem solucionado alguns conflitos.

Eu Sou o Terceiro – Não é um meio de reduzir o trânsito nas ruas, mas é um caminho para aumentar a paz daqueles que nelas transitam.

Eu Sou o Terceiro - Não é uma campanha de informação da família, mas de transformação de famílias em campeãs.

Eu Sou o Terceiro - Não é usar uma pulseira diferente, mas uma maneira de fazer a diferença.

Eu Sou o Terceiro - Não é mais um modelo de Igreja, mas um desafio para ser uma Igreja modelo.

Eu Sou o Terceiro - Não é mais uma ação da empresa, mas é a razão de ser empresa.

Eu Sou o Terceiro - Não é uma invenção humana, mas uma solução divina para a humanidade.

Eu Sou o Terceiro - Não é uma religião, mas tem religado pessoas a Deus.

Eu Sou o Terceiro - Não é uma onda que começa e termina, mas um Movimento que começou e não terá fim.

Eu Sou o Terceiro - Não é o que alguém faz para ser visto, mas o que alguém faz como serviço.

Eu Sou o Terceiro - Não é apenas a declaração de mais um valor, mas é uma demonstração de muito amor.

E por último...

Eu Sou o Terceiro - Não é um modismo de se ver, mas um modo de viver.

Eu Sou o Terceiro!

Para compra do livro, pulseiras e outros materiais **"Eu Sou o Terceiro"** em quantidades maiores, visite o nosso site: *www.EuSouoTerceiro.com*

Sobre o autor

Mário Kaschel Simões

• Consultor e palestrante nas áreas de comunicação, motivação, gestão de pessoas e liderança pela Preparando Treinamentos (*www.preparando.com.br*), Instituto 7 Montanhas do Brasil (*www.7montanhas.com.br*), Projeto Um Milhão de Líderes, criado pelo Dr. John Maxwell (*www.lideresbrasil.com*), o Líder de Sucesso (*www.liderdesucesso.com*), e do programa de Desenvolvimento Pessoal "Vida com Sucesso" (*www.vidacomsucesso.com*).

Além do Brasil, já ministrou palestras na África do Sul, Itália, Cingapura, Malásia, Estados Unidos, Porto Rico e Havaí.

• Docente internacional do Haggai Institute for Advanced Leadership. É professor nos centros de treinamento de Cingapura, Tailândia e Havaí na área de comunicação pessoal, corporativa e transcultural para profissionais, empresários e líderes de países emergentes.

• Terceira geração de pastores: neto do Pr. Walter Kaschel* (renomado Pastor Batista, intérprete de Billy Graham e Rex Humbard); filho do Pr. Neco

Simões (fundador da Cruzada Estudantil e Profissional para Cristo, Club 700 e dublador dos programas de televisão de Jimmy Swaggart).

• Fundador e Pastor sênior da Igreja Comunidade Cristã Ágape de Atibaia (*www.agapeatibaia.com.br*).

• Presidente da Escola Internacional Preparando Gerações (*www.eipg.com.br*), e sócio diretor do Instituto Educacional Portal do Saber (*www.iportalsaber.com*), ambas em Atibaia, São Paulo.

• Intérprete de Gary Chapman, Bill Hybels, Reinhard Bonnke e John Maxwell, dentre outros.

• Foi assessor de comunicações e relações públicas do Consulado Americano de São Paulo.

• Foi diretor-executivo da Associação Willow Creek, responsável pela realização do The Global Leadership Summit, evento de capacitação de líderes no mundo.

• Formado em Jornalismo pela L.S.U. (Louisiana State University), nos EUA.

• Casado com Priscila Gatz Simões e pai de Felipe e Davi.

• Autor do livro: "As 4 Estações da Vida"
www.4estacoesdavida.com

Em Inglês: "The 4 Seasons of Life"
www.the4seasonsoflife.com

O autor ministra os seguintes seminários, programas e palestras:

As 4 Estações da Vida

Seminário que o ajudará a descobrir qual a estação que você está vivendo atualmente na sua vida pessoal, no seu casamento e na sua profissão ou ministério.

www.4estacoesdavida.com

As Quatro Estações da Família

Conferência e seminário para casais.

Todos os casais também passam pelas quatro estações. Aprenda como você e seu cônjuge podem passar por elas com a graça e o amor de Deus.

www.4estacoesdavida.com

O Cristão no mercado de Trabalho.

Esse treinamento irá preparar e equipar você para escalar, dentre as 7 Montanhas, a sua montanha de influência na sociedade, seja na Igreja, Família, Educação, Governo, Mídia, Artes e Esportes ou Negócios.

www.7montanhas.com.br

Vida com Sucesso

Programa de Desenvolvimento Pessoal que ajudará você a ter uma vida bem sucedida em todas as áreas da sua vida: Família, Saúde, Emocional, Intelectual, Espiritual, Profissional e Financeira.

www.vidacomsucesso.com

Lidere onde você estiver

Palestra sobre liderança que analisa o Líder 360 graus. Como cada pessoa pode influenciar ao Norte (autoridades), ao Sul (subordinados), ao Leste (cônjuge e filhos), e ao Oeste (pares no trabalho).

www.liderdesucesso.com

Conectando muito além dos negócios

Palestra motivacional que revela o segredo dos 5 C's da conexão para o sucesso de uma empresa. Cada membro da equipe precisa conectar-se **C**onsigo, com a **C**ompanhia, com os **C**olegas, com os **C**lientes e com o **C**riador.

www.liderdesucesso.com

Contato com o autor:

E-mail:
contato@eusouoterceiro.com
7mbrasil@gmail.com

Facebook:
www.facebook.com/marioksimoes

Twitter:
twitter.com/marioksimoes

Site:
www.EuSouoTerceiro.com

Fone:
55-11-4411-6333

Links recomendados:

www.4estacoesdavida.com
www.the4seasonsoflife.com
www.vidacomsucesso.com
www.liderdesucesso.com
www.vidaemfoto.com
www.presentations.us
www.necoepriscilasimoes.com
www.eipg.com.br
www.iportalsaber.com
www.preparando.com.br
www.agapeatibaia.com
www.lideresbrasil.com

www.ingramcontent.com/pod-product-compliance
Lightning Source LLC
LaVergne TN
LVHW051512070426
835507LV00022B/3063